Un abecedario muy sabroso

Escrito por Altamira Perea Estrada

Ilustrado por Denise y Fernando

SCHOLASTIC INC.
New York Toronto London Auckland Sydney

Para mi abuela Maria Luisa
y mi abuelo Francisco Javier
por su amor y cariño.

A Bost, Ron, Musi y Mustafá
por su alegre compañía.

—A.P.E.

Un abecedario muy sabroso
A Very Tasty Alphabet

Derechos reservados; © 1996, Scholastic Inc.
Todos los derechos reservados. Publicado por Scholastic Inc.
Impreso en los Estados Unidos de América.

Copyright © 1996 by Scholastic Inc.
All rights reserved. Published by Scholastic Inc.
Printed in the U.S.A.

ISBN 0-590-93319-1

2 3 4 5 6 7 8 9 10   14   03 02 01 00 99 98

Aa

arroz con leche

albóndigas

ajo

3

Bb

berenjena

bizcochos

Cc

calabaza

cebollas

chiles

chocolates

5

Dd

duraznos

dátiles

Ee

elotes

ensalada

Ff

fideos

fajita

frijoles

Gg

guacamole

gazpacho

gelatina

guisantes

Hh

huevos con
chorizo

hamburguesas

I i

izote

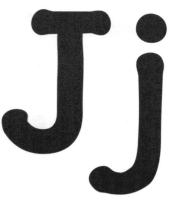

Jj

jitomates

jalapeños

jamón

Kk

kiwis

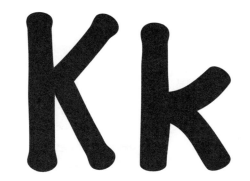

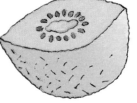

L l

lentejas

limones

leche

Mm

merengue

mango

macarrones

Nn

nopal

naranja

nueces

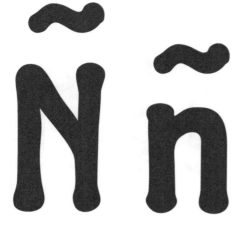

Ññ

ñames

olivas

Pp

pan dulce

pizza

pepinos

20

Qq

quesadilla

queso

Rr

rosca

ravioli

repollo

Ss

sandía

salchichas

sopa

T t

toronja

tamal

taco

U u

uvas

25

Vv

verduras

vainilla

sándwich

27

Xx

xochistle

Yy

yogur

yucas

Zz

zanahorias

zarzamoras

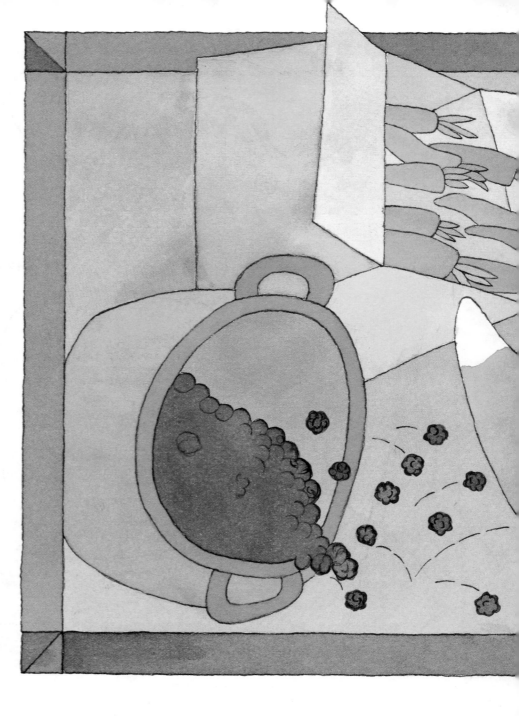

Glosario de comidas

ARROZ CON LECHE Postre que se hace hirviendo leche, arroz, azúcar, canela en rama y cáscara de limón.

ALBÓNDIGAS Bolas fritas de carne de buey o cerdo que se condimentan con ajo, perejil y otras especias.

BIZCOCHOS Masa compuesta de harina, huevos y azúcar que se cuece en el horno. Pueden tener diferentes figuras y se pueden comer solos o como parte de un pastel.

CHOCOLATE Pasta hecha de cacao y azúcar molidos, a la que normalmente se añade canela o vainilla.

ENSALADA Comida compuesta básicamente de lechuga, tomate y cebolla y aderezada con sal, aceite y vinagre.

FIDEOS Pasta de harina de trigo, a veces mezclada con fécula, en forma de cuerda delgada. Generalmente se toma en sopa.

FAJITA Tiritas de carne frita con jitomate, chile y cebolla que se acompañan con tortillas de maíz.

GUACAMOLE Pasta típica de México hecha de aguacate, ajo, chile, cilantro y un poco de limón.

GAZPACHO Originario del sur de España, el componente principal de esta sopa fría son los jitomates, condimentados con pepinos, pimientos, ajos, sal, aceite de oliva y vinagre.

GELATINA Dulce hecho con gelatina pura a la que se le añade color y el sabor deseado.

HUEVOS CON CHORIZO Este plato consiste de chorizo frito en cuya grasa se fríen los huevos.

HAMBURGUESA Típica de Estados Unidos, es una tortita frita de carne aplastada que se complementa con lechuga, jitomate, cebolla y salsa catchup entre dos bollos de pan.

IZOTE Dulce originario de América Central y México, hecho con las fibras que se extraen de las hojas de la yuca y con sus flores, blancas y olorosas

JAMÓN Carne curada o cocida de la pierna del cerdo. Existen diferentes tipos: serrano, de Jabugo, de York, etc. Este embutido es muy popular en sándwiches o bocadillos.

MACARRÓN Pasta hecha con harina de trigo que tiene forma de canuto alargado. Una vez hervida se condimenta con salsa de tomate y queso.

MERENGUE Dulce de figura aovada, hecho con claras de huevo y azúcar, y cocido al horno.

PAN DULCE Dulce con distintas formas y figuras, hecho con harina, huevos, leche, azúcar, mantequilla y levadura.

PIZZA Originaria de Italia, es una torta de harina de trigo amasada, encima de la cual se pone queso, tomate frito y otros ingredientes.

QUESADILLA Tortilla de maíz que s llena de queso, se dobla por la mitad fríe o se tuesta.

QUESO Producto obtenido por la m ración de la cuajada de la leche con c terísticas propias para cada uno segú origen o método de fabricación.

ROSCÓN Pan dulce en forma de grande que se adorna con frutas secas.

RAVIOLI Pasta alimenticia de fo rectangular que se dobla sobre si m para rellenarlo de carne o verdura. Des de cocidos se sirven con salsa.

SALCHICHA Embutido alargado de c picada que se sazona con sal y pimient

SOPA Caldo resultante de hervir car verduras al que se le añaden fideos u pastas.

TAMAL Especie de banana de mas harina de maíz, con relleno de ingredie diversos y envuelta en hoja de ban o elote.

TACO Tortilla de maíz rellena de c frijoles, salsa, etc.

SÁNDWICH Emparedado con rebanadas de pan de molde rellenos jamón, queso, verduras, etc.

XOCHISTLE Bebida refrescante qu hace con cacao en polvo, azúcar y achi

YOGUR Variedad de leche fermen que se reduce a la mitad por evaporaci se le añade un fermento llamado *maya*.